D1412155

# CRISTÓBAL COLÓN

## En busca de nuevas rutas

Esta edición en lengua española fue creada a partir del original de Ediciones Quartz por
Uribe y Ferrari Editores, S.A. de C.V.
Av. Reforma No. 7-403 Ciudad Brisa,
Naucalpan, Estado de México
México, C.P. 53280
Tels. 53 64 56 70 • 53 64 56 95
correo@correodelmaestro.com

ISBN: 968 5142 27 0 (Colección)
ISBN: 970 756 010 X (Cristóbal Colón)



Traducción al español: Correo del Maestro y Ediciones La Vasija con la colaboración de
María del Carmen Navarrete
Cuidado de la edición: Correo del Maestro y Ediciones La Vasija



Los creadores y editores de este volumen agradecen su amable autorización para usar materiales de ilustración a:
Portada: imagen principal, Helen Jones/ otras ilustraciones, The Art Archive/AKG /AKG/Naval Museum, Pegli/ AKG/Mary Evans Picture Library; Contraportada: Mary Evans Picture Library/Mary Evans Picture Library/AKG/AKG/AKG 5 t Naval Museum, Pegli/ b AKG; 6 Mary Evans Picture Library c The Art Archive; 7 Helen Jones; 8 t Ancient Art & Architecture Collection/ c, b Mary Evans Picture Library; 10 t Ancient Art & Architecture Collection/ c Mary Evans Picture Library/ b AKG; 11 t AKG/ c The Art Archive; 12-13 Stuart Brendon; 14 t Bridgeman Art Library/ b AKG; 16 t Mary Evans Picture Library/ b AKG; 17 t National Maritime Museum, Greenwich/ b AKG; 18 t Bridgeman Art Library/ b Mary Evans Picture Library; 19 t, b The Art Archive; 20 t Ancient Art & Architecture Collection/ b Bridgeman Art Library, Salvador Dali Museum, Florida; 21 t NHPA, D. Heuclin/ b NHPA, B. Coster; 22 t, c Bridgeman Art Library/ b Mary Evans Picture Library; 23 AKG; 24 t Bridgeman Art Library/ c, b Mary Evans Picture Library; 25 t Mary Evans Picture Library/ b AKG; 26 t, b AKG; 27 t, b Mary Evans Picture Library; 28 t NHPA, D. Heuclin/ c AKG/ b Mary Evans Picture Library; 30 t Mary Evans Picture Library/ b AKG; 31 t AKG; 32 t, b AKG/ c The Art Archive; 33 t Bridgeman Art Library/ c, b Mary Evans Picture Library; 34 t, c Bridgeman Art Library/ b AKG; 35 t Bridgeman Art Library/ c AKG/ b Oxford Scientific Films, E. Parker; 36 t, c, b Bridgeman Art Library; 38 t Bridgeman Art Library/ b The Houghton Library, Harvard University; 39 t Harvard University/ b The Art Archive; 40 t The Art Archive, Mireille Vautier/ c, b Bridgeman Art Library; 42 t Bridgeman Art Library/ b AKG 43 Helen Jones
Claves: t=arriba, c=centro, b=abajo

Este libro se terminó de imprimir y encuadernar en Pressur Corporation, S.A.
C. Suiza, R.O.U., en el mes de enero de 2005. Se imprimieron 3000 ejemplares.

# CRISTÓBAL COLÓN

## En busca de nuevas rutas

MELISSA NATHAN

CORREO DEL MAESTRO • EDICIONES LA VASIJA

# CONTENIDO

Éste fue el escudo de armas de Colón, quien se ganó el título de Almirante de la Mar Océano.

CRISTÓBAL COLÓN HIZO CUATRO VIAJES DE EXPLORACIÓN DESDE ESPAÑA A LO QUE LLEGÓ A CONOCERSE COMO EL NUEVO MUNDO. EN CADA OCASIÓN PENSÓ QUE HABÍA LLEGADO A ASIA.

Para mucha gente es una sorpresa saber que no fue sino hasta su tercer viaje cuando Cristóbal Colón tocó territorio continental de América, y que en él sólo recorrió las costas de lo que hoy es Venezuela, y en un cuarto viaje, las de Honduras y Panamá. ¿Demerita eso su imagen de magno explorador? ¿Hacia dónde navegó? ¿Cuáles fueron sus proezas? La historia se revela en las páginas de este libro, bellamente ilustrado.

Naufragios, fugas afortunadas, encuentros con pueblos desconocidos y con fauna y flora nunca vistas por europeos, encarcelamientos, búsqueda de oro caracterizan la vida de este extraordinario aventurero.

Conocido como Cristóforo Colombo en Italia y como Cristóbal Colón en España, muchos territorios –entre ellos Córcega, Alemania, Grecia y Armenia– lo han reclamado como ciudadano; lo que muestra la enorme honra que a lo largo de los siglos se ha conferido a este explorador del siglo XV.

Pero, ¿fue un capitán heroico y un hombre de honor? ¿O se le debe criticar por el trato que dio a su tripulación y a los pueblos nativos?

A pesar de sus yerros, Colón hizo importantes contribuciones para que el mundo tuviera un mayor conocimiento sobre la geografía del planeta.

Colón no consiguió su propósito de hallar una ruta occidental hacia el Oriente. Hizo extensas exploraciones por el mar Caribe y reclamó para España, en nombre de sus patrocinadores, los Reyes Católicos, Fernando de Aragón e Isabel de Castilla, las tierras a las que llegó.

# CRISTÓBAL COLÓN EN BUSCA DE LA GLORIA

Esta ilustración muestra, en forma simbólica, las principales hazañas de Cristóbal Colón como explorador del siglo XV.

## Colón cambió la concepción occidental del mundo. En 1492, zarpó en busca de oro y especias, mas halló lo que sería conocido como el Nuevo Mundo.

Cristóbal Colón fue el hijo mayor de una familia de tejedores de Génova, Italia, un floreciente puerto marítimo que en el siglo XV fuera un importante centro del comercio internacional. Nació en la fascinante época del Renacimiento, cuando el interés en el arte, la filosofía y la exploración llegó a su apogeo. La perseverancia y la ambición lo impulsaron para elevarse de sus modestos orígenes y convertirse en un admirable explorador.

Embarcaciones en el puerto de Génova, donde Colón vivió su infancia.

Mientras fue gobernador, Colón vivió en una impresionante villa (como ésta) llamada La Navidad, en la isla La Española.

*Le obsequié las Indias [a España]… como algo que fuera mío.*

TESTAMENTO DE COLÓN

Según la biografía escrita por su hijo Fernando, Colón estudió astronomía, geografía y cosmología, y afirma que descendía de ancestros ilustres. Algunos historiadores suponen que el padre de Colón, Doménico, nunca ascendió de las clases medias bajas y que batalló constantemente para poder vivir de sus ingresos.

Colón tuvo un hermano menor, Bartolomé, su gran compañero, que se embarcó con él hacia las Indias Occidentales, junto con otro hermano, Giacomo, mejor conocido como Diego.

En 1479, Colón fijó su residencia en Lisboa, Portugal. Dos años más tarde, contrajo nupcias con una mujer de la nobleza, Felipa Perestrello Moniz, quien a pesar de su ilustre rango no aportó una dote cuantiosa al matrimonio. En 1480 tuvieron a su hijo Diego. Poco después del parto, Felipa murió. Antes de que Diego cumpliera

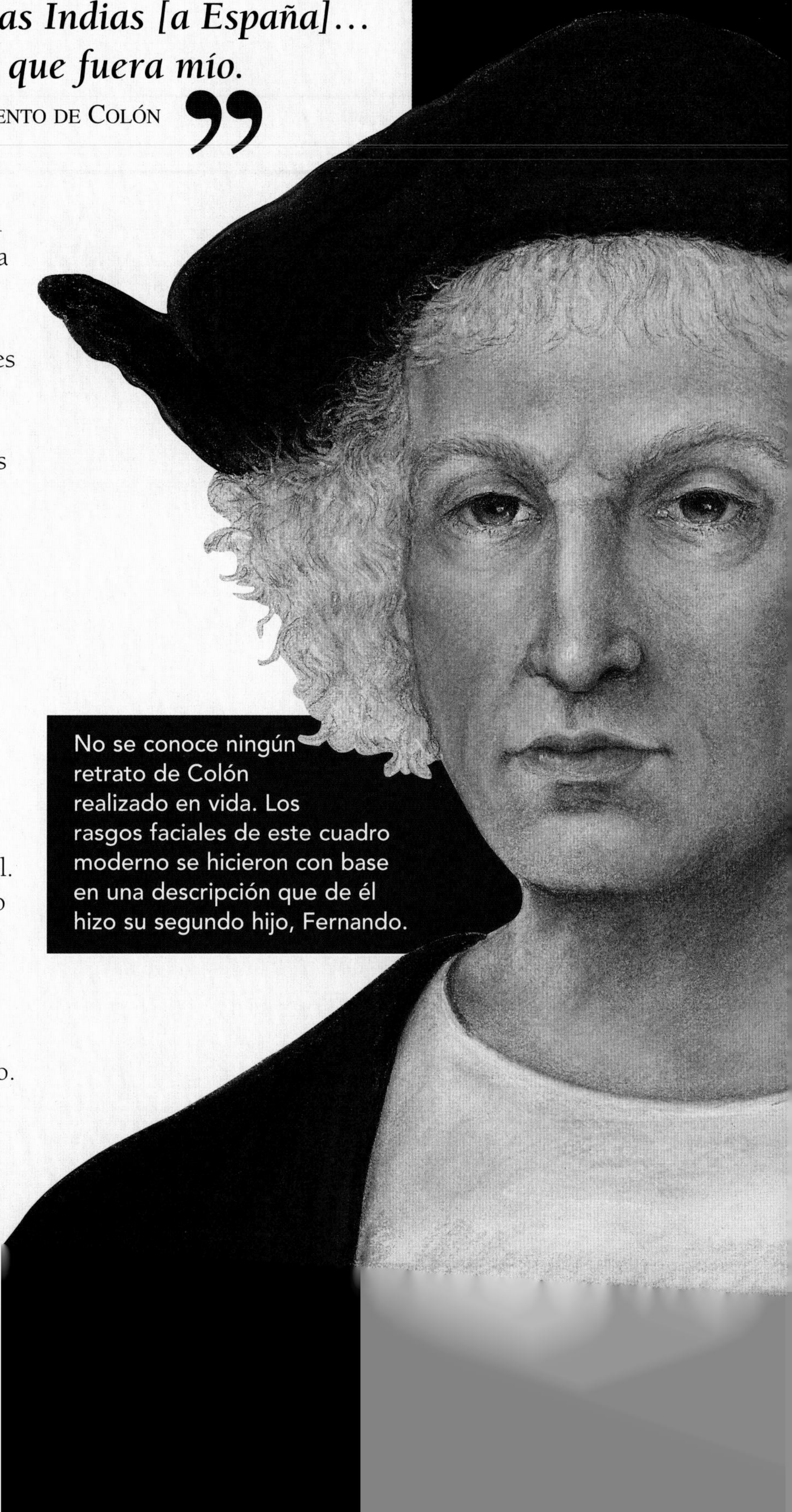

No se conoce ningún retrato de Colón realizado en vida. Los rasgos faciales de este cuadro moderno se hicieron con base en una descripción que de él hizo su segundo hijo, Fernando.

Esta cruz de piedra que domina un asentamiento moderno en la isla Santa María, una de las Azores, se erigió para conmemorar el desembarco de Colón en ese lugar.

Colón debía ser cauto con su tripulación con el fin de evitar motines. Aquí trata de tranquilizar a sus preocupados hombres durante una de las muchas tomentas que enfrentaron.

Ahí Colón conoció a Beatriz Enríquez de Harana, con quien procreó un segundo hijo: Fernando.

**RETRATO DEL NAVEGANTE**

No existen retratos de Colón pintados en su época; pero uno de sus primeros biógrafos afirma que tenía cabello largo, una barba desaliñada y la mirada iracunda. Su hijo Fernando escribió sobre él: "El almirante era un hombre fornido, con una estatura superior al promedio. De rostro alargado y con pómulos más bien salientes.

"No era delgado ni gordo. De nariz aguileña, ojos claros y piel blanca con un matiz rubicundo. En su juventud, tuvo el cabello rubio, mas se le puso blanco después de los treinta años."

**PRIMEROS DÍAS EN EL MAR**

Según las crónicas, a los catorce años de edad Colón trabajó como agente marítimo para una familia acaudalada. Poco después, en 1471, a los veinte años, se consigna un viaje a la isla de Quíos, en el mar Egeo, al este de la costa de Grecia. En su juventud, Colón navegó mucho por la costa del Mediterráneo. Además se contrató para hacer viajes más largos.

Hacia los veintiséis años había navegado al sur hasta la isla de Madeira, y se sabe que había llegado a Islandia. No sólo la exploración y el deseo de descubrimiento de nuevas tierras motivaban a Colón.

Durante toda su vida fue un devoto cristiano, y obedeció la petición de sus patrocinadores reales de que si descubría nuevas tierras debía tratar de convertir a sus habitantes a la fe católica. Su fervor religioso era tan firme que se consideraba un instrumento de Dios, y creía que el Todopoderoso le había dado una misión específica.

Una gran bienvenida aguardaba a Colón cuando regresó a Europa, tras su primer viaje. A lomo de caballo recorrió las calles de Barcelona mientras la multitud lo vitoreaba.

SE CONOCE COMO NUEVO MUNDO A LOS TERRITORIOS, ESPECÍFICAMENTE EL CONTINENTE AMERICANO, QUE ANTES DE CONCLUIR EL SIGLO XV AÚN NO HABÍAN SIDO DESCUBIERTOS POR LOS EUROPEOS NI POR EXPLORADORES DE OTRAS PARTES DEL MUNDO, POR LO QUE NO ESTABAN REGISTRADOS EN LOS MAPAS.

Sin embargo, a principios de su carrera, Cristóbal Colón enfrentó el escarnio general en Italia y Castilla por sus revolucionarias creencias sobre el tamaño del mundo.

> “*Nobles caballeros, aunque mi cuerpo está aquí [en Sevilla], mi corazón siempre estará allá [en Génova].*”
>
> COLÓN AL BANCO DE SAN JORGE, GÉNOVA

Colón tenía tanta confianza en sí mismo, que cada vez que enfrentaba un rechazo, se volvía más resuelto. Esta cualidad, sin embargo, no lo hacía un líder popular. Frecuentemente tenía graves problemas con su tripulación. Se dice que en su primer viaje a América ofreció diez mil monedas de oro a quien viese tierra por vez primera. El 12 de octubre de 1492, a las 2 de la madrugada, un marinero llamado Rodrigo de Triana gritó: “¡Tierra a la vista!” y fue declarado el ganador. Más adelante, Colón aclaró que él mismo había visto la costa mucho antes y reclamó el premio para sí. Sin embargo, nadie padeció tanto a manos de Colón como los pueblos nativos de las tierras que exploró.

## PATRIOTA ITALIANO

Aunque las expediciones de Cristóbal Colón fueron financiadas por la realeza de Castilla, él seguía muy apegado a su país, Italia; en particular a su ciudad natal, Génova. De hecho, instruyó a Diego, su hijo, para que una vez muerto constituyera un fondo para los genoveses pobres.

Hay quienes afirman que Colón fue un genio; otros, sin embargo, lo tachan de fanático religioso. Mientras sigues sus fascinantes aventuras, investiga más sobre los motivos que lo impulsaban, así podrás formarte un juicio personal acerca de este explorador.

## Cronología

**1451**
Colón nació en Génova, Italia. Muchos años después fijó su residencia en Portugal.

**1486**
Se reunió por primera vez con los Reyes Católicos.

**1492-1494**
Colón se hizo a la mar y desembarcó en San Salvador. Más adelante exploró la isla de Cuba y llegó a La Española. La *Santa María* naufragó. Regresó a España en 1493 y zarpó de nuevo en 1494.

**1496**
Volvió a Castilla para defenderse de las acusaciones de gobernar mal La Española.

**1498**
Partió por tercera ocasión y llegó a la isla de Trinidad.

**1500**
Colón fue arrestado y enviado a España como prisionero, encadenado.

**1502**
Colón se aventuró en un último viaje. En Jamaica fue abandonado a su suerte y aguardó a ser rescatado.

**1506**
Cristóbal Colón murió en Valladolid lleno de amargura.

Ansiosos marineros a bordo de *La Pinta* al divisar tierra después de una prolongada travesía.

# NAVEGANDO HACIA OCCIDENTE

Un grabado de 1492, en madera de boj, muestra a Colón navegando en el mar Caribe.

**INSPIRADO EN LOS ESCRITOS DE MARCO POLO, COLÓN SE PROPUSO NAVEGAR A ORIENTE EN BUSCA DE ORO, ESPECIAS Y PIEDRAS PRECIOSAS. ¿POR QUÉ TOMÓ UNA RUTA POR EL OCCIDENTE?**

Aunque no fue el único en su época interesado en llegar a Oriente, Colón tenía algo de visionario. Sin embargo, contrario a la opinión popular de su tiempo, creía que navegando en línea recta hacia el oeste hallaría una ruta más rápida. Se equivocó.

Cometió un gravísimo error, pues al estudiar una carta de navegación de los océanos vigente en esa época, usó para sus cálculos millas romanas en vez de millas árabes.

Este error le permitió pensar que las aguas que se proponía cruzar, que suponía que separaban España de India, eran estrechas. Ésta era una idea muy tentadora para cualquier marino ávido de riquezas. Lo que ignoraba, y tampoco sabía ninguno de sus contemporáneos europeos, era que inmensos territorios, atravesados en medio de esas aguas, obstruían por completo el camino.

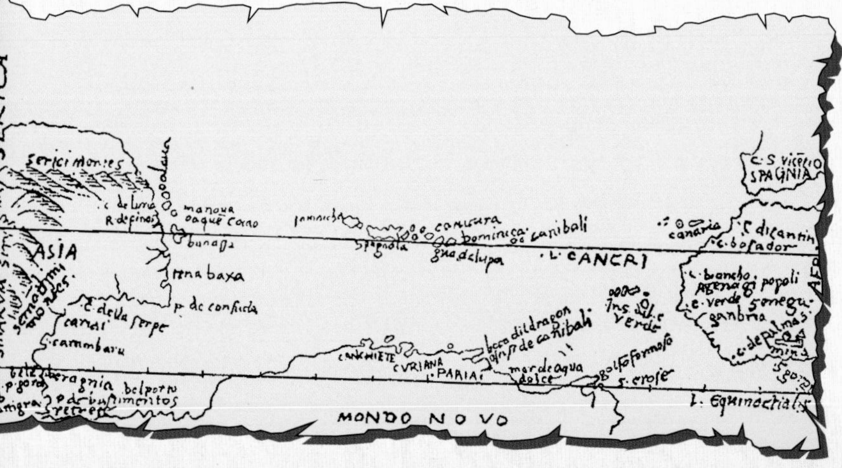


Bartolomé Colón, que navegó con su hermano Cristóbal, trazó este mapa. Resulta muy particular la ubicación de continente asiático y el *Mondo Novo*, o 'Nuevo Mundo'.

Cristóbal Colón era lo suficientemente culto e inteligente como para saber que el mundo era esférico. No estaba solo en esa idea, aunque mucha gente seguía pensando que la Tierra era plana. Algunas personas analfabetas temían que Colón navegara más allá de lo trazado en los mapas y llegara a la orilla del mundo.

**CAMBIO DE PLANES**

Colón cambió de parecer en su tercer viaje, cuando por vez primera desembarcó en la parte continental de América del Sur.

Esa región no parecía formar parte de ninguna tierra conocida de Oriente. La única explicación que encontró fue que el mundo, después de todo, no era esférico sino de forma irregular. Escribió: "He llegado a otra conclusión respecto a la Tierra; es decir, no es esférica, como la describen, sino que tiene forma de pera… o como una esfera con una prominencia en uno de sus extremos."

# AVANCES

**PUNTO DE PARTIDA**

Como punto de partida de la flota de Colón se eligió el puerto de Palos, en Castilla. Cádiz y Sevilla fueron descartados por ser puertos muy activos debido a la emigración judeoespañola a raíz de la Inquisición de 1492. Fernando e Isabel deseaban mantener bajos los costos y recordaron que el puerto de Palos tenía deudas con la corte.Un decreto real decía: "A causa de sus delitos… se les sentencia a proporcionar dos carabelas, pertrechadas a su coste, para doce meses… Ordenamos que dentro de los diez días posteriores al recibo de esta misiva, tengan listas dos carabelas pertrechadas… para partir con el citado Cristóbal Colón…"

El puerto de Palos proporcionó entonces dos naves: *La Pinta* y *La Niña*, más pequeña. Colón fletó una tercera, la *Gallega*, que rebautizó con el nombre de *Santa María* y fue designada buque insignia de la flota debido a su gran tamaño.

**TRIPULACIÓN ELEGIDA**

Los reyes de España ayudaron a conseguir el número adecuado de marinos para la tripulación, y otorgaron el perdón a quienes estuviesen en medio de un proceso judicial si se enrolaban. Sólo cuatro hombres aprovecharon la amnistía. Sin duda, requerían más.

Un acaudalado armador de Palos, Martín Alonso Pinzón, aceptó capitanear *La Pinta*. Hasta la fecha, en este puerto le siguen

rindiendo honores y el 15 de marzo de cada año se celebra el Día de Pinzón. Un hermano y un primo de Colón también se embarcaron en *La Pinta*. Un hermano de Martín Alonso Pinzón, Vicente, fue nombrado capitán de *La Niña*. Muchos años más tarde, un marino del puerto de Palos escribió: "Martín Alonso puso un gran celo al reclutar y alentar a la tripulación, como si el viaje de exploración fuera a ser para el bien de sus hijos."

UN ERUDITO ITALIANO, PABLO TOSCANELLI, FUE EL PRIMERO EN FOMENTAR EN COLÓN LA IDEA DE QUE HABRÍA UNA RUTA MARITIMA RÁPIDA PARA LLEGAR A CATAY (CHINA) DESDE EUROPA NAVEGANDO HACIA EL OCCIDENTE. COLÓN PENSABA QUE LA TIERRA ERA MÁS PEQUEÑA DE LO QUE EN REALIDAD ES.

AMÉRICA DEL NORTE

GOLFO DE MÉXICO

AMÉRICA CENTRAL

HO

## Desde el Nuevo Mundo

Colón introdujo en Europa algunos hallazgos realizados en las nuevas tierras, entre ellos varios tipos de plantas comestibles. Una fue descrita como un nabo de forma diversa, que constituye la dieta principal de los pueblos encontrados, una especie de pan que puede permanecer fresco varios días, pero al que primero se debe quitar la ponzoña de las raíces. También desconocían las piñas, que describieron así: "Parecen alcachofas, pero son cuatro veces más grandes… y su forma es semejante a las piñas del pino."

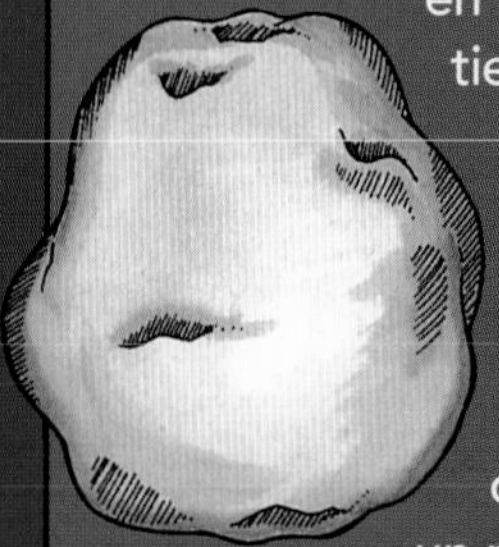

Parece que las casas de las Indias Occidentales, como llamó a las tierras descubiertas, causaron viva impresión en Colón. De ellas dijo que estaban dispuestas sin orden ni sistema, todas hechas de bellas hojas de palmera.

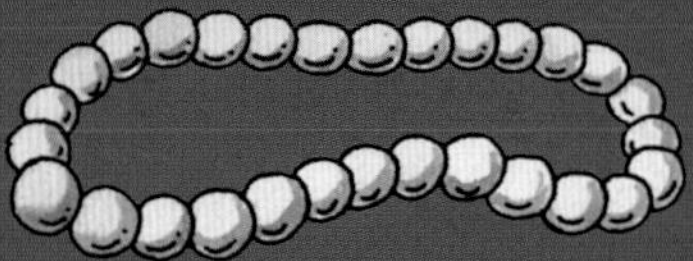

Los nativos alardeaban de ostras que producían magníficas perlas, pero Colón nunca las vio. El maíz, que fue hallado en las islas del Caribe, es hoy común en todo el planeta, pero antes se desconocía fuera de América.

Algo que generó gran curiosidad fue el hábito de fumar tabaco con fines sociales y ceremoniales.

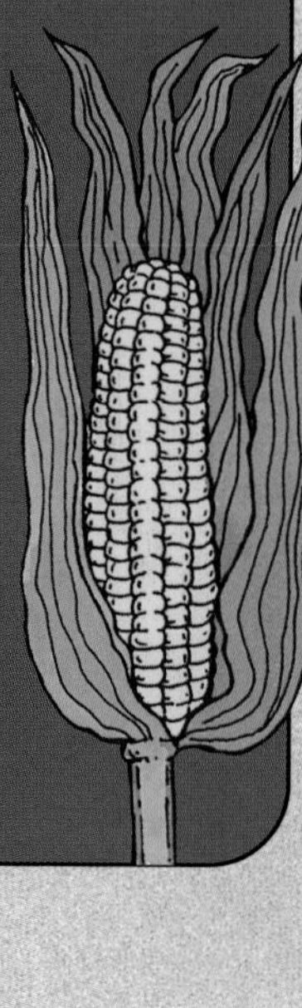

Aquí se muestran las posibles rutas que siguió Cristóbal Colón en sus cuatro viajes, con los puntos donde anclaron sus naves. Quizá tenía un globo terráqueo que mostraba los lugares conocidos por los europeos; y tal vez fue añadiendo, mientras avanzaba en su ruta, las nuevas tierras que encontraba. Recién en el tercer viaje tocó suelo continental americano, en lo que hoy es Venezuela.

LOS VIAJES
DE COLÓN
BAHAMAS
OCÉANO
ATLÁNTICO
Santa María
La Niña
CUBA
LA ESPAÑOLA
PUERTO
RICO
JAMAICA
INDIAS OCCIDENTALES
GUADALUPE
SANTA LUCÍA
RAS
MAR CARIBE
La Pinta
NICARAGUA
TOBAGO
TRINIDAD
VENEZUELA
COSTA
RICA
PANAMÁ
AMÉRICA
DEL SUR
CLAVE
1er. viaje 1492-93
2do. viaje 1493-96
3er. viaje 1498
4o. viaje 1502-03

La flota de Colón era mucho más sofisticada que las sencillas piraguas de los nativos. Aun así, las condiciones en las embarcaciones europeas del siglo XV no eran ideales.

# LA VIDA EN EL BARCO

## CARTAS DE NAVEGACIÓN MAL INTERPRETADAS, CONDICIONES INSALUBRES Y ESPACIOS ATESTADOS PARA DORMIR FUERON ALGUNAS DIFICULTADES QUE DEBIERON ENFRENTAR.

En los viajes actuales, la tripulación puede determinar sin problema el rumbo a seguir, así como la velocidad de la nave y la distancia cubierta. En el siglo XV, esto era muy distinto. Los marinos estaban sujetos al uso de cartas de navegación que en muchos casos eran erróneas. Para conocer el tiempo transcurrido, un paje le daba vuelta a un reloj de arena (y quizá se veía tentado a hacerlo con mayor rapidez para terminar su turno antes). También contaban con un cuadrante, un astrolabio y una brújula básica, instrumento recién importado de China; para poder leer la brújula, se requería saber la relación entre el Norte real, el Norte magnético y la Estrella Polar, conocimiento que superaba al de un marinero común. En cuanto al cuadrante y el astrolabio, en tierra firme eran muy útiles, pero en mares turbulentos servían de poco o nada. La tripulación de Colón, se dice, recelaba tanto del astrolabio, que planeaba echarlo por la borda mientras lo utilizaba.

Si se comparan con los actuales, los métodos de navegación empleados en

Este mapa, originalmente trazado por el mismo Colón, muestra la línea costera de La Española y la isla La Tortuga, más pequeña y a corta distancia de la costa de la primera.

EN EL SIGLO XV MUCHOS MARINEROS CREÍAN EN LA EXISTENCIA DE LAS SIRENAS. EN SU DIARIO DE NAVEGACIÓN, COLÓN CONSIGNÓ HABER DIVISADO TRES. SIN EMBARGO, AHORA SE PIENSA QUE QUIZÁ CONFUNDIÓ A TRES MANATÍES CON ESAS CRIATURAS FANTÁSTICAS.

el siglo XV eran muy poco precisos. Sin embargo, Colón tenía sus propias técnicas, según consignó en el cuaderno de bitácora que llevó en el primero de sus cuatro viajes.

> ***Aunque todas estas tareas serán un trabajo arduo, es vital que permanezca despierto y vigile mi ruta con atención.***
>
> CUADERNO DE BITÁCORA DE COLÓN DE SU PRIMER VIAJE

La tripulación usaba un sistema llamado 'navegación a estima' para calcular la velocidad del barco: el timonel echaba al mar un tablón de madera, cargado con peso y amarrado a una cuerda y, mediante un reloj de arena, anotaba el tiempo que tardaban en recorrer el tablón. Al combinar este dato con la orientación conocida del viaje, según lo indicado en su brújula, obtenían la velocidad y la dirección. En una carta de navegación se podía marcar la posición del barco con un compás de puntas fijas.

**CUADERNO DE BITÁCORA**

Colón fue uno de los primeros capitanes de barco en llevar un diario de navegación, o cuaderno de bitácora, que pensaba obsequiar a los reyes Fernando e Isabel. Escribió en el prólogo: "Tengo en mente consignar en este prolongado viaje, día a día y con sumo cuidado, cuanto se me permita hacer, ver y experimentar de aquí en adelante."

El cuaderno de bitácora de Colón es un valioso documento histórico. Demuestra cuán en serio se tomaba su tarea, sobre todo cuando estaba de guardia. En ella escribió: "Duermo poco cuando voy al mando de la embarcación. Debo trazar la ruta, tomar la velocidad y revisar que todo se registre de manera adecuada. No confío en nadie más para que haga

En la época de Colón, al emprender viajes de exploración, los buques debían ser autosuficientes durante las largas travesías en el mar. Cuadrantes, brújulas y otras piezas del equipo de navegación eran artículos indispensables; también se requerían calderos de cobre para cocinar, velas y armas; y se llevaba bisutería, como cuentas de vidrio, cascabeles de halcón, anillos de latón o gorros tejidos para intercambiar con los habitantes de las tierras halladas. Todo esto era parte básica del cargamento. En jaulas y gallineros se transportaban cerdos y pollos vivos para alimentarse, y diariamente se sacrificaban algunos. Bajo cubierta se guardaba carne salada, pescado seco, harina, arroz, bollos, garbanzos, lentejas, otras semillas, almendras, pasas, miel, quesos, aceite de oliva y vinagre; junto con medicinas, madera, pólvora, herramientas, cubetas, lona de repuesto para el velamen, cartas de navegación, avíos de muchos tipos, anclas, linternas, harpones, anzuelos y soga, así como toneles de vino para mantener contenta a la tripulación. No había fruta fresca ni hortalizas de ningún tipo.

Este mosaico decorativo de un monumento en la plaza de España, en Sevilla, representa a Colón reparando su flota en las islas Canarias.

estas tareas, ya que deben hacerse en forma correcta.”

Colón llevó dos cuadernos de bitácora: uno para él y otro para la tripulación. “Decidí hacerlo de este modo para mantener en reserva algunos hechos”, explica, “de suerte que si el viaje se prolonga, la gente no se alarme ni desanime.”

Tapiz de los tres navíos de Colón. Cuando había tempestad, los hombres debían ir todos a cubierta para trabajar y evitar que los buques se hundieran.

## ¿QUIÉN HACÍA QUÉ?

Todos los días se realizaban múltiples tareas a bordo del barco, y existía una estricta división del trabajo. El capitán era responsable de dirigir la nave, el timonel se encargaba de la navegación, el maestre de la tripulación y el contramaestre de las velas y las anclas, así como de matar a las ratas. Un mozo supervisaba la reserva de comida, agua y vino. Bajo cubierta, un calafateador estaba al pendiente de las bombas y de rellenar las grietas para evitar filtraciones de agua. Tres médicos, un carpintero y un cabo de artillería navegaban con la flota, igual que un paje para el capitán. En el primer viaje iba un traductor del habla árabe, de poca utilidad en este caso.

La vida a bordo de una embarcación en esa época no era nada fácil; quizás hubo ocasiones en que la tripulación palideció de temor, atenida a la esperanza de que un ave sobre los mástiles o un cangrejo en una red fuesen una señal de que se aproximaban a tierra.

Llevar un barco de vela implicaba un fuerte desgaste físico, pero gozar de un buen sueño era algo problemático, pues los espacios planos y cerrados bajo cubierta los ocupaban las provisiones, así que la tripulación debía acomodarse donde pudiera. Además, siempre había cosas que hacer: se ponían centinelas; los cabos gruesos amarrados a la cabeza de los palos o mastileros se revisaban constantemente; los toneles vacíos se bajaban, y se subían suministros frescos en cubetas.

La comida era escasa; la tripulación subsistía a base de panes hechos en el barco, un poco de carne de res correosa, cerdo o pescado, acompañado de leguminosas y una porción de arroz. Todo eso se preparaba en un recipiente poco profundo, rodeado de arena, colocado

> ***La travesía se prolonga; nos hallamos lejos de casa y los hombres han empezado a quejarse de su duración y de mí por haberlos arrastrado a esta aventura...***
>
> CUADERNO DE BITÁCORA DE COLÓN, SEPTIEMBRE 16, 1492 (SEIS SEMANAS DESPUÉS DE HACERSE A LA MAR EN EL PRIMER VIAJE

sobre fuego. Para ablandar la carne, un grumete la pisaba durante una hora dentro de un barril de agua.

Uno de los aspectos más interesantes de la travesía de Colón es que se aventuró al mando de una pequeña flota. En el primer viaje contó con tres carabelas: *La Niña, La Pinta* y la *Santa María,* que fue el buque insignia y la principal embarcación de carga. Estaban tripuladas por noventa hombres, lo que satisfacía las necesidades de Colón para ese viaje.

## CIFRAS VARIABLES

El número de barcos que Colón llevó en posteriores travesías varió de acuerdo con la confianza que los soberanos tenían en sus proyectos. Para ilustrar esto, tras el triunfante regreso de su primer viaje, el segundo fue más impresionante: comandó una flota de diecisiete carabelas, que llevaban de mil a mil quinientas personas: futuros colonizadores, cazafortunas, misioneros, sacerdotes y monjes.

En el tercer viaje, que tardó dos años en planear, contó con seis navíos y para el cuarto, cuando ya tenía cincuenta y un años, le otorgaron dinero para fletar sólo cuatro pequeñas carabelas. Un hombre tan emprendedor como él quizás haya sentido cierta frustración al enfrentarse a esas restricciones; pero siguió empeñado en navegar.

Grabado en madera que muestra la despedida entre Colón y los reyes de España en Palos, en 1492.

Cuando el mar exigía la atención de todos, se llamaba a la tripulación a cubierta para revisar las velas y los obenques.

**¿SABÍAS QUE...?**

PARA SU PRIMER VIAJE, POR DECRETO REAL, LOS COMERCIANTES DEBÍAN SUMINISTRAR A COLÓN MADERA Y MERCADERÍAS A PRECIOS RAZONABLES; TAMPOCO DEBÍAN COBRARLE LOS IMPUESTOS LOCALES SOBRE LOS ARTÍCULOS QUE COMPRARA PARA USAR A BORDO DE LAS CARABELAS DURANTE LA EXPEDICIÓN.

# ¿EN QUÉ LUGAR DEL MUNDO?

En las nuevas tierras a las que llegaban, los exploradores europeos tomaban a los pobladores nativos como esclavos. Colón no fue la excepción a este tipo de explotación.

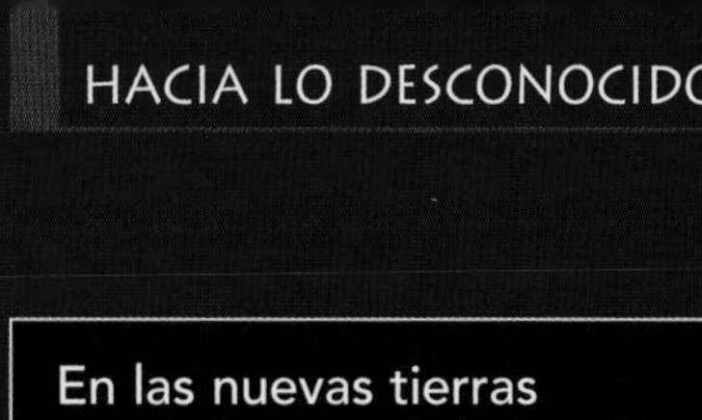

Colón deseaba hallar oro. Para hacerlo, debía confiar en la información aportada por los pueblos nativos. No encontró las enormes cantidades de mineral que le hicieron creer que se extraían en la región.

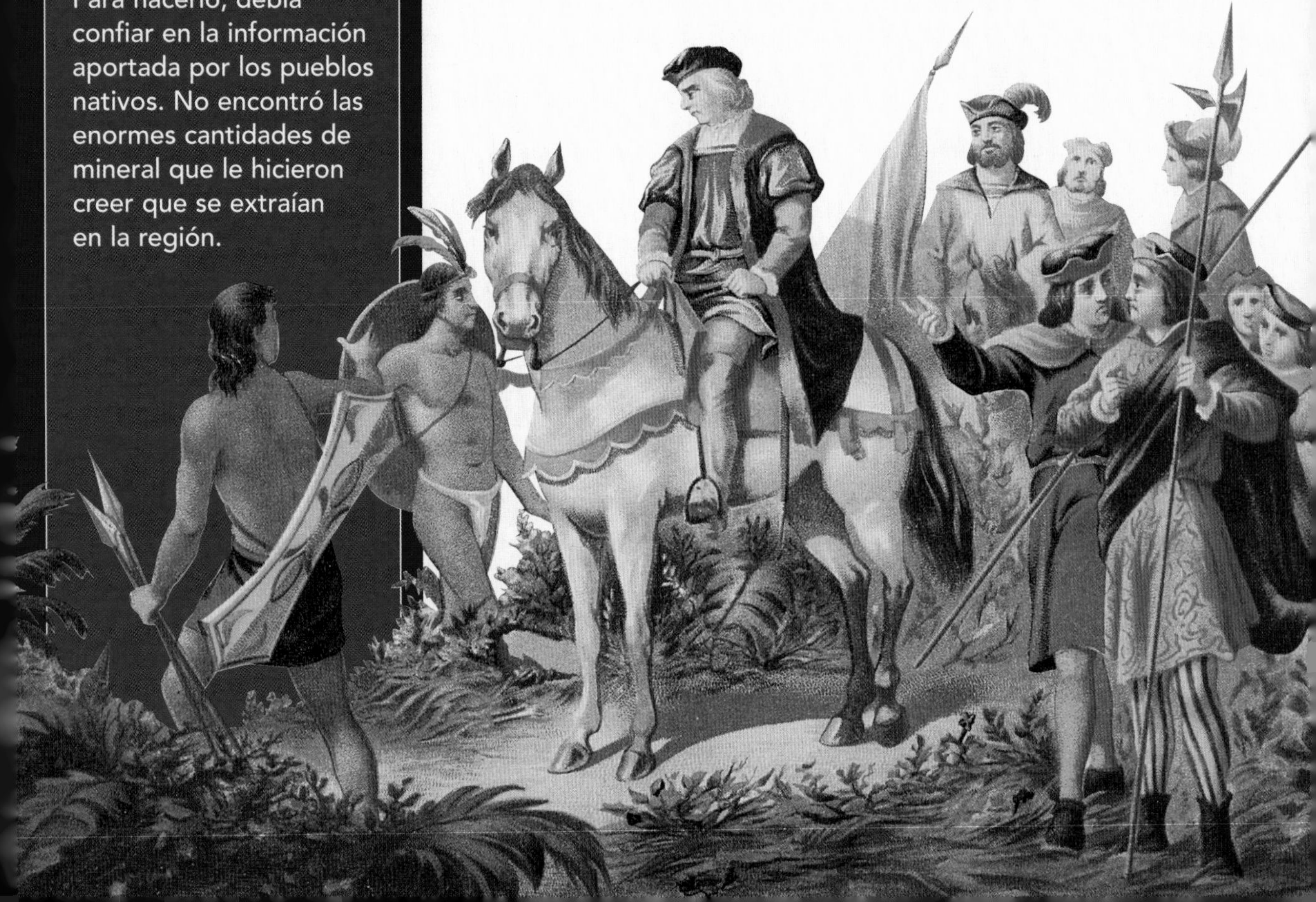

## COLÓN PASÓ SEMANAS ENTERAS EN AGUAS DESCONOCIDAS, UNA SITUACIÓN MUY DIFÍCIL; PERO UNA FE INQUEBRANTABLE LO IMPULSÓ A SEGUIR ADELANTE.

En la época de Colón, nadie había trazado un mapa de todo el planeta. Para navegar, los marinos recurrían en buena parte a suposiciones. Es más, pocas personas en Europa sospechaban que existiera un territorio donde está América.

¡Cuán emocionante debe de haber sido la perspectiva de desembarcar en tierra firme después de semanas en alta mar! Muchos miembros de la tripulación se sentían desesperados por la interminable travesía, así que Colón tuvo que usar su ingenio para alentarlos y que continuaran vigilantes. Prometió un jubón de seda y una gran suma de dinero –aportada por los soberanos españoles– a quien primero avistara tierra.

> **“*Dos horas después de la media noche se vio tierra, como a dos leguas de distancia...***
>
> BITÁCORA DE COLÓN, OCTUBRE 12, 1492 ”

Es indudable que Colón creyó que arribó a las Indias Orientales porque llamó 'indios' a los nativos. Sin embargo, no encontró las ciudades que esperaba. La perspectiva de explorar territorios desconocidos debe de haber sido desalentadora. No había manera de saber con qué tipos de animales podían toparse, o qué tipo de bienvenida les darían los pueblos nativos.

EN CIERTO MOMENTO DEL PRIMER VIAJE, COLÓN PENSÓ QUE ESTABA CERCA DE TIERRA FIRME, PUES AVISTÓ LO QUE PARECÍAN SER GRANDES MANCHAS DE HIERBA VERDE. SU FLOTA ENTRABA AL MAR DE LOS SARGAZOS, UNA ZONA CON TUPIDAS ALGAS EN LA SUPERFICIE, AL ORIENTE DE LAS BAHAMAS.

La llegada de los europeos sorprendió también a estos últimos. Se dice que algunos de los amistosos taínos exclamaron al ver a Colón y a su tripulación: “Vengan y miren a los hombres que han llegado del cielo. Tráiganles comida y bebida.”

Los taínos eran un pueblo religioso, pero sus creencias distaban mucho de las cristianas. Existen pocas pruebas de sus prácticas religiosas ya que fueron exterminados por los conquistadores, pero se sabe que consideraban a su deidad suprema muy elevada como para dirigirse a ella directamente, y que confiaban en espíritus conocidos como 'zemis', que los ayudaban en tiempos difíciles. También se conoce que usaban pequeñas imágenes de esos espíritus colgadas al cuello, que colocaban efigies más grandes en la vivienda del jefe de la tribu y que hacían ofrendas a los zemis.

Un método para cocinar pescado, usado por los taínos del Caribe. La palabra *barbacoa* se deriva de su lengua.

Los exploradores españoles solían obligar a los indios a cargar su equipaje.

# ASUNTOS DE FE

Colón era muy devoto, y en alta mar no se olvidó de la estricta observación de los rituales religiosos.

Un paje empezaba cada mañana con un cántico de agradecimiento a Dios por el nuevo día. Seguía la alabanza al Señor, después el Ave María y un oficio religioso náutico de corta duración:

"Que Dios nos conceda un día favorable y un buen viaje; que las embarcaciones hagan su travesía con rapidez, con su capitán, maestre y la excelente tripulación de la carabela. Que Dios le conceda un buen viaje, y que el Señor nos permita tener un buen día, señores, de punta a cabo."

Al avistar tierra, tras un largo tiempo en el mar, la tripulación también acostumbraba agradecer a Dios, y entonaba entonces el himno en latín *Gloria in excelsis Deo* ('Gloria a Dios en las alturas').

## Fervor religioso

Era tal la fe personal de Colón, que cuando sobrevivió una peligrosa tormenta, escribió:

"Debí tener menos dificultad al aguantar esta tormenta si sólo hubiera corrido peligro personal; ya que sé que debo mi vida al Supremo Creador y Él me ha salvado tantas veces cuando he estado cerca de la muerte, que en realidad morir apenas me habría costado un sufrimiento mayor."

El celo de Colón lo hizo obstinado al tratar de convertir al cristianismo a aquellos con que se topaba. "No tienen religión alguna y creo que serán cristianizados prontamente", escribe al referirse a los nativos.

Colón actuaba con estricto apego a las instrucciones del rey Fernando y la reina Isabel de convertir a no creyentes, musulmanes y judíos a la fe católica. Los jerarcas cristianos del siglo XV sentían que tenían el derecho absoluto de conquistar los territorios de quienes no compartían sus creencias.

Colón también escribió un presunto 'libro de profecías'. Ese texto estaba integrado por pasajes de la Biblia, que se eligieron para demostrar que el descubrimiento de nuevas tierras se había predicho. También trató de persuadir en vano a Fernando e Isabel de emprender una cruzada a Tierra Santa.

En este cuadro, el pintor español Salvador Dalí trató de representar la convicción de Colón de que había sido enviado en una misión divina para hallar el Nuevo Mundo.

Esta fotografía reciente se tomó en el interior del monasterio de La Rábida, donde Colón se alojara alguna vez.

Después de su segundo viaje, en junio de 1496, Colón se reunió con sus benefactores en la ciudad de Burgos, vestido con un hábito de fraile, vestidura que, se dice, usó hasta el día de su muerte como un gesto externo de fervor religioso. También acudió a los frailes del monasterio de La Rábida cuando, tras quedar viudo y antes de emprender uno de sus viajes, buscaba un ambiente adecuado en el cual pudieran cuidar y educar a su hijo Diego, de cinco años de edad.

En cierto momento, este gran explorador creyó que quizás había hallado el jardín del Edén. En su tercer viaje, al desembarcar en lo que ahora es Venezuela, en el territorio continental de América del Sur, llegó a la conclusión de que el lugar era tan bello y estaba bendito con tal cantidad de agua pura, que debía de haberse topado con un paraíso terrenal, tal como consta en uno de sus diarios: "Todos los téologos doctos coinciden en que el Edén terrenal está en el este."

EN SU PRIMER VIAJE, COLÓN PARTIÓ CON UN DOCUMENTO EN LATÍN DE LOS REYES DE ESPAÑA, EN EL CUAL MANIFESTABAN QUE ELLOS LO ENVIABAN. TAMBIÉN LLEVABA TRES CARTAS DE PRESENTACIÓN: UNA PARA EL GRAN KHAN Y LAS OTRAS EN BLANCO, PARA SER REDACTADAS SEGÚN FUESE NECESARIO.

Colón y su tripulación deben haber caminado con dificultades por paisajes semejantes al que se muestra en esta moderna fotografía de un río selvático de la isla de Guadalupe.

Los taínos eran pacíficos, a diferencia de los caribes, otros isleños, de quienes contaban los taínos que eran "muy acometedores ya que llegaban a las islas y se comían a toda la gente que podían capturar". Quizás esto alertó a los exploradores.

**DESAPARECIDOS**

Michele de Cuneo, amigo de Colón desde la infancia, hizo un relato del segundo viaje, en el cual describe los riesgos de aventurarse en un territorio inexplorado:

"Desembarcamos en esta isla [Santa María de Guadalupe] y nos quedamos ahí como seis días... once de nuestros compañeros habían formado una cuadrilla de asalto [para buscar oro y cometer saqueo] y se adentraron unos ocho o nueve kilómetros en la selva, donde perdieron completamente su orientación y no pudieron regresar...

"Cuando el señor Almirante vio que la cuadrilla no regresaba, y que tampoco se la podía rastrear, despachó a doscientos hombres en cuatro grupos con trompetas, cuernos y linternas, pero no pudieron localizarlos. Hubo momentos en que nos preocupaba más perder a los doscientos hombres que a los once que habían ido a buscar. Pero Dios tuvo a bien guiar a los doscientos hombres, fatigados y hambrientos como estaban, para que volvieran a nosotros. Al final pensábamos que los once debían haber sido devorados por los caribes. Pero después de cinco o seis días... los once hombres, con casi ninguna esperanza de hallarnos, encendieron una fogata en la cumbre de un peñasco. Vimos ese fuego, enviamos una balsa por ellos, y así se salvaron."

También relató que rescataron de los caribes a doce niñas y dos niños, todos como de quince años, cebados para un banquete caníbal.

Arbolada costa de la isla de Trinidad, en las Antillas. Colón le dio este nombre en honor a la Santísima Trinidad debido a sus tres picos montañosos. Muchos de los nombres que puso a los lugares que visitó tenían significado religioso.

# AMIGOS MUY INFLUYENTES

Sin ayuda de los Reyes Católicos, Fernando e Isabel, habría sido imposible que Cristóbal Colón se hubiese hecho a la mar.

Colón tomó posesión de las tierras descubiertas en nombre de los reyes de España, cuyo escudo de armas se muestra en la ilustración.

En 1486, la Comisión Real de Salamanca se burló de Colón por sus ideas. Él estaba tan decidido que, a la larga, logró conseguir apoyo financiero para llevar a cabo su deseo de llegar a Oriente por una ruta marítima hacia el occidente.

COLÓN ESTABA CONVENCIDO DE QUE DIOS LO HABÍA DESIGNADO PARA HACER IMPORTANTES DESCUBRIMIENTOS; PERO AQUÍ EN LA TIERRA OTROS TAMBIÉN PARTICIPARON FAVORECIENDO EL ÉXITO DE SUS EXPEDICIONES.

Cuando Cristóbal era joven, tuvo la fortuna de contar con personas dispuestas a apoyarlo. Su hermano Bartolomé, diez años menor que él, se convirtió en su compañero de toda la vida y participó de sus aventuras. Ya estaba en Lisboa, Portugal, cuando Colón llegó ahí por vez primera. Unieron fuerzas y montaron un negocio de trazado de cartas geográficas. Más tarde, Bartolomé se acercó a Francia e Inglaterra con la intención de obtener el dinero que necesitaban para el primer viaje, pero fracasó.

Es indudable que fue un hombre íntegro y parece que no hubo rivalidad entre los hermanos. Después de que Cristóbal Colón fundara el asentamiento La Isabela, en La Española, confió a Bartolomé el gobierno de la isla, mientras él regresaba a España. El más joven de sus hermanos, Giacomo (más tarde llamado Diego), se le unió en su segundo viaje. Giovanni, primo de Colón, capitaneó uno de los barcos en el tercer viaje y luego se desempeñó como su asistente.

### VIDA FAMILIAR

Según se dice, Colón era bien parecido, de origen más bien humilde y tenía pocas relaciones políticas o sociales. Contrajo matrimonio con Felipa Perestrello y Moniz, la atractiva hija del que fuera gobernador de Porto Santo (posesión portuguesa en el Atlántico). Felipa estaba, por línea materna, emparentada con la casa real de Braganza, y su padre era un connotado cartógrafo, que redescubrió Madeira y las islas cercanas, exploradas por italianos en el siglo XIV. Felipa murió joven, poco después de dar a luz.

Tras la muerte de Felipa, Colón tuvo un segundo hijo, Fernando, con Beatriz, la hija de un campesino; mas no se casaron. Algunos piensan que al convertirse en almirante, Colón se creyó con un estatus superior al de la joven. Sin embargo, se sabe que reconoció cuanto le debía a Beatriz, pues una cláusula específica de su testamento estipulaba que habría de tener una posición desahogada. Instruyó a su primogénito, Diego, para que viera que "la madre de don Fernando, mi hijo, reciba lo suficiente para vivir con holgura... porque es una enorme carga que llevo en el alma."

### BUENOS HIJOS

El almirante tuvo hijos muy leales. El mayor, Diego, se convirtió en el gobernador de La Española y se casó con una mujer de la realeza. Colón le escribió, en relación con Fernando: "Tu hermano, alabado sea el Señor, es tal tipo de hombre que te será muy necesario."

La muerte de Colón no se conmemoró con un duelo nacional. Su hijo Fernando escribió un epitafio apropiado en su copia de la obra *Medea,* escrita por Séneca, antiguo erudito romano. Fernando agregó una apostilla de su puño y letra a unos versos que predicen el descubrimiento de nuevas tierras: "Esta profecía fue cumplida por mi padre... en el año de 1492."

## ¿ALIADOS O ENEMIGOS?

- La reina Isabel de Castilla ordenó a las autoridades de Palos que pertrecharan las carabelas de Colón para efectuar el primero de sus viajes. A estos hombres les impresionaba más la reina que Colón, pues consideraban que los planes de éste no sólo eran insensatos, sino también peligrosos.
- Martín Alonso Pinzón, un acaudalado y respetable navegante local, que conoció a Colón en el monasterio de La Rábida, tomó cartas en el asunto. Logró ganarse la voluntad de los ciudadanos y reclutó suficientes hombres en sólo diez semanas. Más tarde, abandonó a Colón y partió al mando de *La Pinta* en busca de oro.
- Vicente Yáñez Pinzón (*abajo*), hermano de Martín Alonso, capitaneó *La Niña*. Más adelante, descubriría la desembocadura del río Amazonas.

Este cuadro español representa a Colón y a su hijo Diego con algunos de los monjes del monasterio de La Rábida poco después de la muerte de la esposa del explorador. Sin la ayuda de estos religiosos, es probable que Colón hubiera tenido que forjarse una profesión totalmente distinta.

Colón comenta sus planes con el padre Marchena, un erudito y astrónomo que gozaba de gran reconocimiento en la corte castellana.

Este ejemplar se conserva en la Biblioteca Columbina de la catedral de Sevilla, que alberga una importante colección de obras del Renacimiento. Fernando reunió la colección original mientras viajaba por Europa.

## AMOR FRATERNAL

Otros 'hermanos' también ayudaron a Colón. Eran monjes, sin ningún parentesco con él. Cuando Cristóbal Colón enviudó y abandonó Portugal, se encaminó a España, afligido y tan pobre que tuvo que solicitar techo y alimento en el monasterio de La Rábida, cerca del puerto de Palos. Los monjes le ofrecieron mucho más que alimento. Ahí conoció a eruditos que le brindaron todo su apoyo y comprensión, que entendían lo que Colón esperaba lograr. Incluso cuidaron al pequeño Diego cuando él partió hacia Castilla en busca de un patrocinador.

Un banquero florentino, que vivía entonces en Sevilla, se volvió tan entusiasta que voluntariamente proporcionó algunas carabelas para el proyecto.

Aquí se aprecia el monasterio de La Rábida, donde Colón recibió refugio y apoyo.

SE DICE QUE LA REINA ISABEL GASTÓ TANTO DINERO EN LA GUERRA CONTRA GRANADA PARA EXPULSAR A LOS MOROS QUE TUVO QUE EMPEÑAR SUS JOYAS PARA PODER FINANCIAR EL VIAJE DE COLÓN. SEGÚN ALGUNOS HISTORIADORES, UN TAL LUIS DE SANTANGEL FUE QUIEN PUSO EL CAPITAL FALTANTE.

## CONSENTIMIENTO REAL

Todo ese apoyo, sin embargo, fue insuficiente, se necesitaba más dinero. Colón debía recurrir a un patrocinador acaudalado y poderoso, dispuesto a correr los riesgos. Esto es, debía convencer a alguien de que la empresa redituaría riquezas. Concibió un plan comercial y se lanzó directo a él.

En primer lugar, se acercó al rey Juan II de Portugal, quien tomó muy en serio las ideas de Colón. Sin embargo, más tarde decidió que estaba equivocado y se negó a patrocinar la aventura. Entretanto, Bartolomé, el hermano de Colón, pidió ayuda financiera a Francia e Inglaterra. Ambos monarcas llegaron a la misma conclusión que el soberano de Portugal.

Colón persistía en su certeza de que le asistía la razón, y su convicción creció hasta convertirse en una obsesión.

En 1489, el rey Fernando de Aragón y la reina Isabel de Castilla, reyes de España, le concedieron una entrevista. Aunque la Reina tenía mucha curiosidad al respecto, la petición de Colón fue rechazada... al principio.

En 1492, la situación dio un giro sorprendente. Los llamados Reyes Católicos habían aplastado, finalmente, el dominio musulmán en Granada y se sentían victoriosos. Entonces Isabel recordó la resolución de Colón de convertir al cristianismo a todos los infieles que encontrara y lo mandó llamar a la corte. El patrocinio se resolvió cuando la Corona española aceptó financiar la primera expedición de Colón con tres embarcaciones.

Colón y su tripulación presenciaron muchas costumbres de la vida nativa. Aquí se muestra a Colón al ser coronado por un caudillo local.

Los nativos que Colón llevó consigo a Castilla tras su primer viaje deben de haber quedado maravillados ante la corte castellana, y viceversa.

El papa Alejandro VI dividió al Nuevo Mundo entre Portugal y España. Insatisfechos ambos, en 1494 llegaron a un acuerdo final.

Colón se las ingenia para evitar que sus hombres se amotinen.

# MUCHO INGENIO; ALGO DE SUERTE

EN SU BÚSQUEDA DE UNA RUTA OCCIDENTAL A CATAY, COLÓN ENFRENTÓ INCONTABLES OBSTÁCULOS COMO NAUFRAGIOS, MOTINES Y ENCARCELAMIENTO.

Cristóbal Colón luchó contra un sinnúmero de dificultades, desde la extrema pobreza hasta encuentros con pueblos nativos hostiles, mas nunca se desesperanzó y finalmente tuvo éxito. A su alrededor, otros fueron menos afortunados. Las tormentas cobraron la vida de varios miembros de su tripulación, y el infortunio obstaculizó a sus enemigos. A veces, parecía que su suerte estaba a punto de agotarse, pero no. Cada vez estaba más convencido de que Dios lo había enviado y sus enemigos llegaron a pensar que tenía poderes malignos.

Naufragar era lo peor que podía suceder a un barco. Cuando esto pasó a una nave de Colón, él se las ingenió para inclinar el hecho en su favor. La víspera de la Navidad de 1492, a las 11 de la noche, el almirante se retiró del timón de la *Santa María* y lo dejó en manos de un joven grumete. La embarcación encalló en un arrecife de coral y quedó inservible. Debieron abandonar el barco, pero Colón, en vez de rendirse, decidió considerar el hecho como una intervención de la 'divina Providencia' o un designio de Dios: "Reconocí que nuestro Señor me ha hecho encallar en este sitio –escribe– de suerte que pueda fundar un asentamiento aquí."

Ninguno de los pueblos nativos aprovechó la vulnerabilidad de la flota europea. La gente local apareció en gran número para ayudar y, de hecho, lloraron de tristeza por los

Colón calmó a la tripulación citando la distancia que habían navegado y la cercanía de tierra. Pero guardó silencio sobre cálculos que sospechaba podrían ser más exactos, para que sus hombres no se intranquilizaran aún más.

marineros españoles que habían zozobrado.

El jefe obsequió a la tripulación dos amplias casas en medio de la aldea para usarlas como alojamiento temporal y les dieron alhajas, máscaras y pepitas de oro macizo.

> ***Recibimos tal ayuda... que [el barco] y las cubiertas quedaron despejados en seguida.***
>
> COLÓN, SOBRE LA AYUDA DE LOS TAÍNOS AL NAUFRAGAR LA *SANTA MARÍA*

Después de una Navidad intranquila, sin saber qué hacer, Colón decidió dejar a treinta y nueve hombres en La Española. Usaron la madera que quedó de la embarcación para construir un asentamiento fortificado.

Colón llamó a ese sitio Natividad. Gracias a la voluntad de Dios, pensó, había fundado la primera colonia cristiana de la región.

También se las arregló para desembarcar en algunas islas del Caribe, pero quizá fue accidentalmente, pues los mapas eran inexactos. No siguió en dirección oeste. De haberlo hecho, habría llegado a Florida, el área de América del Norte que más tarde descubriera Ponce de León, miembro de la tripulación de Colón.

La carabela de Colón, la *Santa María,* naufragó en un arrecife de coral no lejos de La Española. Nada pudo hacerse para salvar a la embarcación, pero la tripulación y los serviciales nativos lograron salvar la carga.

COLÓN TUVO VARIOS PROBLEMAS DE SALUD. UNO DE SUS PADECIMIENTOS QUIZÁ SALVÓ SU VIDA Y LA DE SU TRIPULACIÓN. EL DOLOR Y LA INCAPACIDAD FÍSICA, POSIBLES SÍNTOMAS DE ARTRITIS, SE INTENSIFICABAN CON LA HUMEDAD. ASÍ PODÍA DARSE CUENTA CUANDO SE APROXIMABA UNA TORMENTA.

Se cree que las caras grabadas en esta roca fueron hechas por los taínos en la isla que Colón llamó Santa María de Guadalupe, ahora conocida sólo como Guadalupe. Nadie sabe su significado.

Hubo otro malentendido cuando los nativos trataron de explicarle que en Cubacanán hallaría una enorme riqueza. Colón interpretó esta referencia como el nombre de Kublai Kahn, el gran soberano mongol, así que dio por sentado que estaba cerca de su destino.

Este grabado en madera de boj ilustra una carta de Colón sobre la llegada al Nuevo Mundo; muestra el punto de vista europeo típico que consideraba a los pueblos nativos como caníbales.

Colón enfiló hacia el suroeste y, hoy se sabe, llegó a las Antillas (Indias Occidentales), no a Oriente, como pensaba. Pero él murió convencido de ello, creencia que alimentó debido a algunas confusiones, pero también a que era lo que deseaba creer.

Cuando los pobladores de Guanahaní (San Salvador, una de las Bahamas) hablaron de Cibao, uno de sus asentamientos, Colón pensó que así se pronunciaba la palabra Cipango, nombre que Marco Polo diera a Japón.

## INSURRECCIÓN COLONIAL

La segunda colonia de Colón, La Isabela, que se fundara en 1494 en la costa sur de La Española, fue un desastre para todos. Los colonizadores no eran agricultores sino soldados e hidalgos que no tenían intención de trabajar la tierra. Tomaron a los nativos como esclavos y muchos murieron a causa de las pesadas labores, mientras otros llegaron al extremo de suicidarse.

Los colonos también peleaban constantemente entre sí. Cuando Colón sentenció a muerte a uno de ellos, haciendo que fuera arrojado desde los muros de la prisión, éstos le informaron a los reyes que Colón tenía delirios de poder ilimitado, de grandeza personal y que había llegado al grado de derramar sangre española.

En el año de 1500, un hidalgo español, Francisco de

Colón se esforzó mucho por convencer a la reina de Castilla, con quien tuvo una audiencia en 1491. Durante esa reunión, en contra de todos los indicios previos, ella aceptó considerar su propuesta. A la larga, la soberana autorizó los planes para un primer viaje.

*Habíamos visto otras tormentas, pero ninguna tan aterradora.*

DEL ÚLTIMO VIAJE DE COLÓN ”

Bobadilla, fue enviado desde España para investigar, y fue testigo de más derramamiento de sangre: siete españoles rebeldes fueron colgados en el cadalso y se habían programado otras cinco ejecuciones.

Bobadilla arrestó a Colón y a sus dos hermanos y los mandó encadenados de regreso a España.

Colón fue enviado al monasterio de Las Cuevas, en Sevilla, donde estuvo acompañado por un carcelero durante dos meses, hasta que los reyes de España le concedieron una audiencia. El explorador nunca permitió que le quitaran las cadenas, y posiblemente eso lo haya salvado. El espectáculo de Colón con grilletes fue demasiado para la reina Isabel. Conmovida, le autorizó otro viaje y le dio apoyo financiero para la expedición.

La tripulación era un grupo unido de marineros, que dependían uno del otro para sobrevivir mientras se encontraban en el océano. En este cuarto viaje, Colón y la tripulación volvieron a naufragar.

## SALVADO UNA VEZ MÁS

En esa ocasión, Colón se quedó varado en la isla de Jamaica, pero tuvo otro escape afortunado. Temía que en cualquier momento los nativos prendieran fuego a los dos barcos dañados, en los que se refugiaba junto con su tripulación, o que les dejaran de dar provisiones.

Después de canjear un yelmo y algunas prendas de ropa por una canoa, Colón convenció a dos marineros de que se hicieran a la mar en pos de ayuda. Colocaron un mástil y una vela a la embarcación y partieron hacia La Española, pese a que creían casi imposible cruzar las fuertes corrientes con una embarcación tan pequeña.

Los marineros fueron capturados por los nativos; pero lograron huir. Después de dos temerarios intentos más llegaron a Santo Domingo, en la isla La Española, donde lograron fletar una desvencijada carabela. Casi un año después de haber salido de Jamaica, los dos hombres rescataron a sus compañeros de tripulación.

## EL CLIMA

Colón escribió acerca del clima: "El viento arreció anoche y las aguas eran espeluznantes, se nos atravesaban por ambos lados y acosaban de tal modo al barco que éste no podía mantener el rumbo... Me vi obligado a dejar que las aguas lo arrastraran hacia atrás, a donde el viento nos llevara...

Cuando empezaba a anochecer vimos un relámpago de fuego surcar el cielo y perderse en el mar, como a cuatro o cinco leguas de distancia...

Estas cosas alteran y desalientan a los hombres, pues las interpretan como una señal de que hemos tomado una ruta peligrosa."

Sin embargo, a veces el clima era templado y agradable, y el mar estaba tan tranquilo, que podían disfrutar de una zambullida.

Colón agradece a Dios al desembarcar en la isla San Salvador, o Watling, una de las Bahamas o Lucayas, en 1492.

# ÉXITOS Y FRACASOS

COLÓN TUVO FORMIDABLES LOGROS Y ÉXITOS, PERO COMETIÓ ALGUNOS ERRORES COSTOSOS, INCLUSO FATALES, QUE HOY SON DIFÍCILES DE COMPRENDER.

Cuando Colón desembarcó en Guanahaní, el nombre local de San Salvador, pensó que estaba en un grupo de islas al norte de Japón.

En el primer viaje, antes de avistar tierra, había gran agitación a bordo de las naves y los hombres amenazaban con amotinarse. Se habían aventurado muy al sur en pos de Oriente y se negaban a seguir navegando.

Cristóbal Colón apeló a su sentido del deber religioso y, además, prometió riquezas. También les recordó que probablemente él era el único que podía llevarlos de regreso a casa. Quizá fue este argumento el que le salvó la vida. Finalmente, llegaron a un arreglo.

Prometió que si no veían China o Japón en dos o tres días más, regresarían. Sin embargo, en su bitácora escribió algo totalmente distinto: "Continuaré hasta que los encuentre."

Colón conocía muy bien a sus hombres. En cuanto se viera tierra en el horizonte, darían por hecho que era el destino buscado. Cualquier idea de amotinamiento se desvanecería, mientras todos los miembros de la tripulación forcejearían por ser los primeros en vislumbrar costa y cualquier habitante nativo.

Colón había leído los diarios de Marco Polo, y pensaba encontrar tierras pobladas por los súbditos orientales del poderoso emperador mongol. Pero lo

> *Aman a su prójimo como a sí mismos, y su habla es lo más amable y cortés que pueda ser, siempre con una sonrisa.*
>
> DIARIO DE COLÓN, 25 DE DICIEMBRE DE 1492

que halló fueron varias tribus con estilos de vida muy sencillos y costumbres muy diferentes a las esperadas.

El primer pueblo con que se encontró en la isla a la que dio nombre de Fernandina, fue el de los cordiales, pacíficos y desnudos taínos, a quienes denominó 'indios' (naturales de India). Colón escribió: "Hicieron tanta amistad con nosotros que era un portento. Con cincuenta hombres, uno podría dominarlos a todos y convertirlos en lo que se quisiera."

En vista de sus creencias religiosas, es difícil concebir cómo es que al conocer a un pueblo tan humanitario y generoso, que no requería de prisiones ni de fuertes en su isla, Colón creyó que debían ser sometidos y esclavizados por su tripulación.

Los taínos, encantados con sus nuevos amigos, pensaron inocentemente que los exploradores los ayudarían en su constante lucha contra los caribes, sus agresivos vecinos caníbales. No se sabe si estos últimos ingerían la carne de sus prisioneros como parte de algún rito religioso.

Las órdenes que Fernando e Isabel le habían dado a Colón eran de convertir y conquistar. Se conoce que en 1494, los taínos ascendían a casi un millón; pero cinco años después cerca de cien mil habían muerto a causa de las penurias por la esclavitud impuesta o en intentos de rebelión contra el tratamiento inhumano que recibían.

En un lapso de treinta años, los taínos fueron casi aniquilados.

LOS TAÍNOS LE DIJERON A COLÓN MUCHAS VECES QUE SI DESEABA HALLAR ORO, DEBÍA NAVEGAR HACIA EL SUR, A LA ISLA DE COLBA (CUBA) QUE ERA MUCHO MÁS GRANDE, Y A BOFIO (HAITÍ Y PARTE DE LA ESPAÑOLA). COLÓN BUSCÓ EN VANO INDICIOS DE CIVILIZACIÓN ORIENTAL.

## ¡TRIUNFOS!

Hijo de un tejedor, a Colón se le confirió el noble título hereditario de Almirante de la Mar Océano.

Colón insistía en que el mundo era esférico, así que caerse de sus orillas sería imposible.

Colón y sus hombres descubrieron muchos alimentos exóticos desconocidos en el continente europeo.

Colón recibió completo apoyo de Fernando e Isabel, reyes de España.

Durante su segundo viaje, Colón debió combatir con nativos de la isla que llamó La Española.

## RECEPCIÓN REAL

El regreso a España tras su primer viaje fue sin duda el clímax de la vida de Colón. Después de años de ser objeto de mofa, demostraba que tenía razón. También llevó pruebas de que estuvo en alguna parte del mundo desconocida para los europeos.

Viajó de La Rábida a Barcelona a caballo, y su preciosa carga incluía pericos, piñas, animales raros que habían sido disecados y seis taínos, que iban pintados y usaban adornos de oro. La narración cuenta cómo en cada pueblo que pasaba con su comitiva la gente acudía, y no sólo lo observaba, sino que lo aclamaba.

El 30 de abril de 1493 llegó a Barcelona, donde lo recibieron en la corte con los más altos honores.

Como si fuera un rey, Colón hacía que probaran su comida para asegurarse de que no estaba envenenada; cabalgó en público al lado del rey Fernando, honor que generalmente sólo se le concedía a la familia real.

> ***“La gente es tan amable, y generosa y dócil y pacífica que juro a sus Majestades que no hay mejor pueblo en el mundo, ni mejor tierra.”***
>
> COLÓN, EN ALUSIÓN A LOS TAÍNOS

Cuando Colón regresó de su primer viaje, recorrió las calles a caballo entre júbilo y vítores.

Los decepcionados soberanos de España ordenaron a Francisco de Bobadilla apresar a Colón y exiliarlo de su colonia en La Española.

## ¿GENIO O SUERTE?

En 1502, Cristóbal Colón ya no gobernaba La Española. El cargo se lo dieron a don Nicolás de Ovando. Los reyes prohibieron al explorador que visitara esas tierras en su cuarto y último viaje. Colón desobedeció y zarpó hacia La Española; al acercarse, se dio cuenta de que la marea estaba más alta de lo normal. Él sabía que Ovando estaba a punto de enviar su flota de treinta barcos de vuelta a Castilla, y que esos barcos iban cargados de tesoros, casi todos robados a los indios. Parte de esas riquezas correspondía a Colón.

Éste envió a uno de sus capitanes hacia la costa para advertir al nuevo gobernador que se aproximaba una tormenta; Ovando se burló del aviso y, días más tarde, veinticinco barcos se fueron a pique. Un hombre religioso como Colón quizás haya creído que Dios le hacía justicia.

El genovés pudo escapar nuevamente a un naufragio gracias a que pensó con rapidez. En el cuarto viaje, su barco encalló en la isla de Jamaica, después de que otro de la flota se hundiera. Colón compró dos canoas a los taínos y ordenó a dos de sus hombres que partieran a La Española, lo cual significaba remar más de cien millas.

Durante todo un año, Colón quedó varado en la isla viéndose obligado a intercambiar cascabeles para halcón y gorros de marinero por comida, en lugar de por oro. Pero esos artículos fueron dejando de interesar a los nativos, que se negaron a hacer trueques.

Entonces planeó la forma de asegurarse el respeto de los nativos. A sabiendas de que estaba a punto de ocurrir un eclipse lunar, Colón dijo a los taínos que, como Dios estaba muy enfadado, desaparecería la Luna. Conforme iba oscureciendo, todos a una, los taínos corrieron a obtener comida para los europeos, suplicándoles que le pidieran a su Dios que devolviera la luz lunar. Los conocimientos de astronomía salvaron a Colón y sus hombres de morir de inanición.

Los astrónomos describen un eclipse, con el cual Colón atemorizó al pueblo nativo.

Colón explica sus teorías sobre la forma y el tamaño de la Tierra utilizando un huevo.

Se cree que Colón contrajo paludismo cuando estuvo en las Antillas. Su hermano Bartolomé se encargó de cuidarlo.

Quizás el pez globo fue una de las singulares criaturas observadas por Colón y su flota.

# PRODIGIOSOS NUEVOS HALLAZGOS

El pelícano café de enorme pico también debe de haber sido un ejemplar extraño para los aventureros europeos del siglo XV.

COLÓN NUNCA VIO LOS PALACIOS CON TECHOS DE ORO QUE MARCO POLO DESCRIBIERA, PERO AL REGRESO LLEVÓ CONSIGO MUCHOS OBJETOS Y ANIMALES FASCINANTES.

Un caudillo nativo regaló a Colón una máscara que debe de haber sido semejante a ésta de América del Sur. Los rasgos faciales se hicieron martillando el oro.

Obtener oro era una obsesión para Colón y su tripulación. Los exploradores habían resuelto volver a España cargados del preciado metal. Al principio, los nativos parecían estar felices de complacerlos. En diciembre de 1492, Colón anotó en su cuaderno de bitácora: “Al salir el sol, el caudillo vino a avisarme que había enviado por oro y que antes de que yo partiera me cubriría con él.”

Por consiguiente, no es de extrañarse que el genovés y sus hombres se convencieran pronto de que ese metal abundaba en las islas a las que habían llegado. Los nativos no dejaban de asegurarles que había más oro.

“[Un indio] me dijo que ahí había oro en abundancia, mientras señalaba a la carabela y afirmaba que había piezas de oro tan grandes como el castillo de popa.”

Colón recibió máscaras de oro en varias ocasiones. Incluso sus hombres hallaron pepitas enterradas en la arena.

Sin embargo, poco a poco, la demanda sobrepasó la oferta, pues no había minas. En las Bahamas, el único oro se halla en los ríos.

**LUGARES INTERESANTES**

Colón nunca comprendió cabalmente la importancia de las islas que descubrió para la corona española. Les dio un nuevo nombre en honor de santos cristianos y de lugares o gente que le recordaban su tierra natal.

ANTIGUAMENTE, LOS MARINEROS DORMÍAN DONDE HALLABAN SITIO BAJO CUBIERTA EN LOS BARCOS. CUANDO LA FLOTA DE COLÓN DESEMBARCÓ EN UNA ISLA DE LAS BAHAMAS, DESCUBRIERON QUE LOS TAÍNOS DESCANSABAN EN HAMACAS Y EMPEZARON A USAR ESE TIPO DE CAMA PARA DORMIR A BORDO.

Esos nombres persisten 600 años después: San Salvador, en honor de Jesucristo; Trinidad, por la Santísima Trinidad; La Española, por España; Guadalupe, para honrar un monasterio en que Colón se hospedó; la isla de Dominica, en memoria de su padre; Santo Domingo, por el séptimo día de la semana cristiana, y mar Caribe, llamado así por los caribes.

## ALIMENTOS FABULOSOS

Colón esperaba hallar diversas fuentes de beneficio financiero como fruto de sus viajes de descubrimiento –alimentos raros que enriquecerían a su país gracias al comercio–, y tenía razón. Cuando en la isla de Amiga el capitán de *La Pinta,* Martín Alonso Pinzón, conoció el ruibarbo, Colón mandó un bote para traer una muestra de la planta.

La tripulación volvió con sólo una canasta llena, pues no tenían las herramientas adecuadas para cortar más. Colón, entusiasta, escribió: “Lo conservo para mostrarlo a sus Majestades.”

Al poco tiempo, de las nuevas tierras se exportaban maíz, calabaza, camote, papa, frijol, tomate, chile, piña y semillas de girasol. En un lapso de cien años, todos esos productos se convirtieron en ingredientes habituales de la dieta de los europeos acaudalados.

Sin embargo, lo que los exploradores europeos exportaron a las Indias Occidentales fue poco placentero.

En el Caribe, los peces voladores se estrellaban contra las embarcaciones de Colón.

Esta espléndida máscara de jade, con dientes de concha de ostión, es un ejemplo de las artesanías de los pueblos mesoamericanos halladas por los conquistadores que partieron al Nuevo Mundo en el decenio siguiente a la muerte de Cristóbal Colón.

Colón y su tripulación tal vez se asombraron al hallar tal variedad de vegetales, como la mandioca. Más adelante, los europeos introdujeron otras especies, como el plátano.

Una iguana, descubierta por Colón y muerta por la tripulación, fue descrita como una serpiente.

Seguramente Colón nunca había visto un flamenco antes de visitar las islas ahora conocidas como las Antillas.

El cuaderno de bitácora de Colón consigna haber visto, mientras navegaba, unas aves marinas llamadas bobas.

Los marineros, y más adelante los colonos, llevaron enfermedades nuevas para los pobladores de las islas, contra las que, desde luego, no tenían defensas; entre ellas: viruela, sarampión, paperas y tosferina. Esos padecimientos exterminaron al noventa y cinco por ciento de la población nativa. Asimismo, la sífilis, un mal terrible, se propagó entre los indígenas y los hombres de Colón. Los isleños habían generado defensas para resistir esta enfermedad, pero contagiaban fácilmente a los exploradores.

Los europeos aprendieron un hábito muy nocivo de la gente de las islas. Colón y sus hombres se sorprendieron al encontrar que en Cuba, la gente encendía el extremo de una hoja de tabaco enrollada y luego inhalaba el humo para expulsarlo por la nariz. Era un hábito raro, cierto, pero en el lapso de un siglo fue adquirido por mucha gente en Europa occidental.

La adicción al tabaco, aún hoy común, tuvo efectos devastadores en la salud.

Colón y sus hombres aprendieron a no precipitarse al probar nuevas plantas. Una vez comieron ciertos frutos silvestres sólo para descubrir que apenas los probaron sus rostros se hincharon y sintieron un dolor casi intolerable. Aliviaron los síntomas con compresas frías. Se cree que el fruto era el manzanillo, con el que los caribes preparan veneno para sus flechas.

## NUEVAS CRIATURAS

Vieron el plumaje de las aves del Nuevo Mundo, mucho más colorido que el de las europeas, y sus cantos les parecieron de una delicadeza absoluta. Había bandadas de pequeños loros que oscurecían el sol. Sin embargo, parecía que en las tierras a las que habían llegado escaseaban los mamíferos, excepto por unos perros silenciosos.

El doctor Chanca, uno de los médicos enviados y pagados por los reyes en la segunda expedición de Colón para atender a la tripulación, consignó en una carta a la ciudad de Sevilla que en La Española no había bestias salvajes, "sólo una criatura del tamaño de un conejo cachorro, con pelaje del mismo tipo y color".

> *[Los nativos] se alimentan con un pan elaborado con raíces de una verdura que es mitad planta y mitad árbol; y en "temporada" da un fruto naboide.*
>
> DR. CHANCA, MÉDICO DEL BARCO

Éste tiene "una cola larga y patas traseras y delanteras parecidas a las de una rata. Trepa árboles y muchos dicen que su carne es muy buena para comer.

"Hay muchas culebras pero pocos lagartos, ya que los indios los consideran un bocado exquisito, igual que nosotros a los faisanes... Un lagarto enorme fue visto muchas veces y se dijo que era igual de grande que un ternero y largo como una lanza de cabo a cabo."

Tal vez Chanca se refería a un cocodrilo. Colón afirmó haber visto una serpiente como de dos metros (quizás una iguana) que sus hombres mataron. Al parecer, saltó hacia una laguna y tuvieron que capturarla.

"Los hombres también pescaron con redes y atraparon muchos peces", anotó. "Incluso uno casi como un cerdo... pero diferente a un atún y con caparazón. Las únicas partes blandas eran los ojos y la cola, y un orificio excretor debajo. He ordenado que lo salen para llevarlo y mostrarlo a Sus Majestades."

En las aguas en torno a una isla sin nombre, según Colón, había peces de un colorido tan brillante que la tripulación gozó mucho con el espectáculo.

## PUROS CUENTOS

Algunas cosas no vistas por Colón, pero relatadas por los indígenas debieron de haberlo impresionado.

Según contaron los nativos, una tribu local se distinguía porque su gente tenía un solo ojo en medio de la frente, y que había una isla donde los habitantes nacían con cola.

PARA LOS PUEBLOS NATIVOS QUE CONOCIÓ COLÓN, ÉSTA TAMBIÉN FUE UNA ÉPOCA DE DESCUBRIMIENTOS. NUNCA HABÍAN VISTO EMBARCACIONES COMO ÉSAS NI HOMBRES QUE USARAN TANTA ROPA. COLÓN ESCRIBIÓ QUE LOS CONSIDERABA INTELIGENTES Y NAVEGANTES DIESTROS PARA TRASLADARSE ENTRE LAS MUCHAS ISLAS.

## LEGADO INMORTAL

Convencido de que sus muchos descubrimientos le garantizaban un lugar en la historia, Colón empezó a hacer una crónica detallada de sus viajes para la posteridad. Su deseo de ser recordado era tan vehemente, y tal su anhelo de fama, que cuando temió que su barco pudiera hundirse escribió un breve relato de sus aventuras, ordenó que lo pusieran en un tonel y lo arrojaran al mar con la esperanza de que fuera recuperado. Más tarde, también se dedicó a recopilar documentos en los que los soberanos le habían concedido ciertos derechos y títulos y formó *El libro de los privilegios*. Después de la muerte de Colón, su hijo Fernando retomó los relatos y completó la biografía de su padre. Junto con el cuaderno de bitácora original de Colón, estos documentos dejaron una descripción detallada de sus cuatro viajes.

# ¿QUIÉN LLEGÓ AHÍ PRIMERO?

## COLÓN ES RECONOCIDO COMO EL PRIMER EUROPEO QUE LLEGÓ AL NUEVO MUNDO, PERO ALGUNOS OTROS AVENTUREROS PUDIERON HABÉRSELE ADELANTADO POR MUCHO.

Se dice que san Brendan llegó a la costa oriental de América del Norte. Aquí está con una sirena, mítica criatura marina.

Sin duda los relatos de la travesía de san Brendan son exagerados. Aquí se muestra su barco sobre el lomo de una ballena.

El Nuevo Mundo ya tenía, cuando llegó Colón, pueblos muy antiguos. Se cree que los primeros habitantes llegaron a la región hace treinta mil años, cuando viajaron desde Siberia, pasando por Alaska, por una franja de tierra que alguna vez existió donde ahora está el estrecho de Bering. Sin embargo, hay muchas teorías sobre quién, perteneciente a culturas de otros continentes, llegó primero a estas tierras.

### LOS RECIÉN LLEGADOS

Algunos dicen que los primeros extranjeros que pisaron América llegaron por el norte. Quizás eran navegantes o pescadores de China o de Japón que desembarcaron en la costa oriental. En una obra clásica de la literatura china, que data del año 225 a.C., se puede leer lo que parece ser una descripción muy fiel del Gran Cañón.

### ACERCAMIENTO SANTO

La *Navigatio Brendani*, una crónica que describe los viajes de san Brendan, relata cómo este monje irlandés del siglo VI sostenía que había hallado

UNA CORRIENTE DE PENSAMIENTO SOSTIENE QUE COLÓN SE INSPIRÓ EN LAS LEYENDAS VIKINGAS CUANDO VIAJÓ A ISLANDIA EN UN PRIMER VIAJE MERCANTIL. LA GENTE DEL LUGAR LE CONTÓ HISTORIAS DE TIERRAS HACIA EL OCCIDENTE, COMO LAS HABÍAN NARRADO SUS ANTEPASADOS VIKINGOS.

la Utopía Cristiana, que se ubicaba en algún lugar al oeste de Irlanda. Cita detalles de sus aventuras y afirma que, a la postre, había llegado a "la tierra prometida de los santos".

Algunos historiadores creen que san Brendan cruzó el Atlántico en una barca de piel y que llegó al territorio continental de América del Norte, pasando por Islandia. Pero esta leyenda no tiene sustento en documentos históricos. Otros suponen que desembarcó en Madeira, un grupo de islas al norte de las islas Canarias, y hay quienes piensan que quizás halló las islas Canarias, al noroeste de África. Otros creen que llegó a Groenlandia.

## VIAJES VIKINGOS

Algunos relatos apuntan a otros exploradores. En 1963 fueron descubiertas ruinas de un asentamiento vikingo en L'Anse aux Meadows, en la punta septentrional de Terranova, Canadá. Los arqueólogos identificaron seis parajes de casas y hallaron un prendedor de bronce, un fragmento de aguja de hueso, clavos oxidados y una lámpara de piedra. Según los resultados de las pruebas radioactivas hechas en los carbones hallados en restos de los fogones, el lugar se usó alrededor del año 1000. Dos libros de principios del siglo XV confirman que hubo asentamientos vikingos en esta región, donde se

Es posible que un siglo antes que Colón, navegantes chinos hayan llegado a América del Norte en juncos como éste. Eran naves mucho más amplias y aptas para navegar que las carabelas y naos europeas posteriores.

Este detalle de un cuadro muestra a un Colón triunfante al desembarcar en una de las islas de las Antillas. Pero, ¿fue el primero en llegar ahí?

Colón estaba ansioso por ejercer su poder, aunque no llegó a donde deseaba.

> *No ha habido un hombre de tal nobleza ni navegante tan sagaz como el Almirante [Colón]. Le bastaba ver una nube o una sola estrella para saber qué dirección seguir.*
>
> MICHELE DE CUNEO, COMPAÑERO DE TRIPULACIÓN DEL SEGUNDO VIAJE

han encontrado herramientas y campamentos de otros grupos.

En Islandia y Groenlandia ha vivido cierto número de vikingos originarios de Noruega. Desde esas regiones, Leif Ericson viajó a América. Hay varias crónicas de su travesía, pero la más reconocida narra que él supo de esas tierras por un mercader islandés, Bjarni Herjulfsson.

Ericson compró el barco de Herjulfsson, navegó hacia occidente e hizo tres escalas, en este orden: Helluland (Labrador), que se componía de roca estéril; Markland (tal vez Terranova), arbolada con amplios tramos de brillante arena blanca, y, finalmente, Vinlandia (referida quizás a Terranova o a Cape Cod), llamada así por la cantidad de viñas que crecían ahí. Los exploradores sólo estuvieron tres inviernos. Luego, las tierras allende el Atlántico fueron olvidadas durante siglos.

Sólo unos cuantos años antes de que zarpara Colón, los portugueses intentaron en repetidas ocasiones cruzar el Atlántico. Se cree que el barco de Juan Caboto, el *Matthew,* llegó a Terranova en 1497, tras partir de Bristol, Inglaterra, meses antes.

Pero Colón es el primer explorador europeo en América cuyo viaje trajo consecuencias perdurables. Exploró parte de lo que hoy conforma Centroamérica. Visitó Cuba, las Antillas y Venezuela. Para su época, fue un marinero de asombrosa destreza y fue quien disparó la introducción de la forma de vida occidental en el llamado Nuevo Mundo, así como el conocimiento de estas tierras en Europa.

Los vikingos del norte de Europa tenían sólidas embarcaciones, propias para la navegación de altura, y eran navegantes diestros. De acuerdo con muchos historiadores, llegaron al Nuevo Mundo mucho antes que Colón.

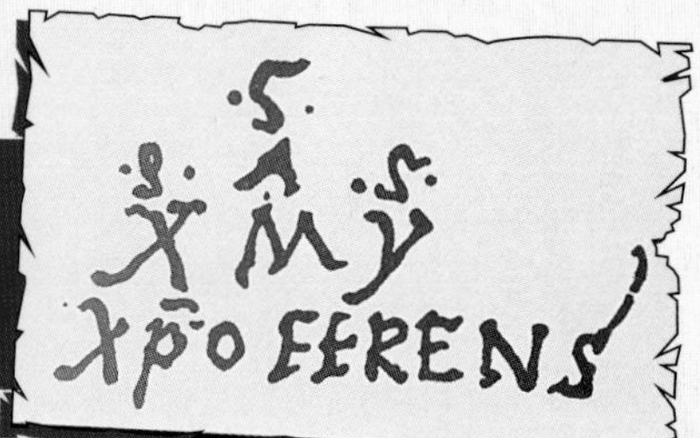


Colón firmaba *Xristo Ferens*, que significa "portador de Cristo".

# Preguntas y controversias

Muchos aspectos de la vida de Cristóbal Colón son controvertidos y se prestan a discusión. Las siguientes cuestiones serán útiles para iniciar con tus amigos y compañeros un debate.

1 Colón era resuelto y tenaz, ¿lo ayudaron estas cualidades o alguna vez actuaron en su contra?

2 Si tuvieras que diseñar una placa conmemorativa para celebrar los logros de Colón, ¿qué escribirías?

3 ¿Era Colón popular entre su tripulación?

4 ¿Qué crees que pensaban los reyes Fernando e Isabel acerca de Cristóbal Colón?

5 Colón guardaba una bitácora secreta que no mostraba a su tripulación. ¿Crees que haya sido una buena idea?

6 ¿Qué aspectos de la vida de Colón muestran un fervor religioso extremo?

7 ¿Qué descubrimientos llevaron consigo Colón y sus hombres a su regreso a Europa?

8 ¿Crees que Colón era buen padre? ¿Dirías que sus hijos le fueron leales?

9 ¿Quién crees que le haya proporcionado mayor ayuda a Cristóbal Colón?

10 ¿Por qué la bitácora de Colón es un documento tan importante?

11 ¿Qué errores cometió Colón y por qué serían considerados como errores?

12 Si se sabe que otros europeos pisaron antes continente americano, ¿por qué se atribuye el descubrimiento a Colón?

13 ¿Fueron los viajes de Marco Polo los que inspiraron a Colón o habría alguien más?

14 ¿Crees que Colón tenía razón al tratar de convertir al cristianismo a los pueblos que encontraba?

15 Si bien Colón no consiguió su cometido (llegar a Oriente para comerciar), ¿crees que sus logros fueron de importancia para la Corona española?

16 ¿Disfrutarías navegar a bordo de una carabela del siglo XV? ¿Cuáles son las principales diferencias entre los barcos de Colón y los actuales, aptos para la navegación en alta mar?

17 Si Colón viviera en la actualidad, ¿qué profesión crees que elegiría?

# EN ESA ÉPOCA

Colón nació en la época del Renacimiento, que duró del siglo XIV al XVI. Durante esa época hubo enormes progresos en toda Europa en los campos del arte, la ciencia y la exploración. Conoce algunos de esos importantes acontecimientos mundiales y juzga cómo pudieron haber afectado los logros de Colón.

**1405- 1433** El navegante chino Zheng He viajó desde el Lejano Oriente hasta el Golfo Persa y la costa oriental de África explorando y comerciando. Tenía al mando una flota de más de setenta barcos conocida como la 'Flota del Tesoro'

**Mediados de 1400** Grandes artistas italianos como Fra Angelico, Piero della Francesca y muchos otros estaban en el apogeo de sus carreras.

**1452** Nació el que quizá sea el genio más grande de la historia: Leonardo da Vinci, famoso por sus contribuciones a la arquitectura, la matemática, la ingeniería y el arte.

**1453** Constantinopla (ahora Estambul) cae en poder de los turcos otomanos.

**1455** En Alemania, Johann Gutemberg produce el primer libro impreso, una Biblia.

**1482-84** Diogo Cao, de Portugal, exploró la costa africana al sur del Ecuador.

Leonardo da Vinci dibujó esta ballesta gigante, un arma romana que él perfeccionó.

**1497-98** El explorador portugués Vasco da Gamma dirige una expedición marítima europea a la India. En 1497 dobla el cabo de Buena Esperanza, en África.

**1497** Juan Caboto partió de Inglaterra y llegó a Terranova, Canadá.

**1499-1500** Vicente Yáñez Pinzón salió de Palos y fue el primer europeo en cruzar el Ecuador hacia América. En 1500, arriba a la costa brasileña, descubriendo las desembocaduras del Amazonas y el Orinoco; cruza el golfo de Paria y toca las Bahamas. Américo Vespucio cruza el Atlántico y explora las costas de Centro y Sudamérica para las coronas española y portuguesa.

En 1492, la provincia de Granada se rindió a los reyes de Castilla, Fernando e Isabel, después de una guerra de diez años. Su atención entonces se dedicó a patrocinar los viajes de descubrimiento de Colón.

# A TRAVÉS DE LOS AÑOS

Cristóbal Colón hizo cuatro expediciones por el océano Atlántico en pos de oro, especias y una nueva ruta marítima occidental hacia Catay, o China. Llegó a tierras desconocidas para los europeos; pero creyó que había hallado la ruta a Oriente. Se propuso ganar conversos para la cristiandad, lo cual causaría en el futuro mucho sufrimiento y muerte a los pueblos indígenas. Descubre cómo se han recordado sus logros.

- El 12 de octubre, Día de la Hispanidad, se conmemora el arribo de Colón a América.

Cristóbal Colón fue nombrado Gran Almirante y gobernador por los reyes Fernando e Isabel, sus mecenas.

- Colón es el motivo principal de un monumento en la concurrida avenida Paseo de la Reforma, de la Ciudad de México.
- En 1819 el virreinato de la Nueva Granada adquirió su independencia de España, se constituyó como país con el nombre de República de la Gran Colombia, derivado de Colón. Muchos estados, ciudades, pueblos y ríos de América comparten el nombre del marino genovés.
- En Santo Domingo, la capital de República Dominicana, un faro conmemorativo en honor a Cistóbal Colón se construyó con forma de una enorme cruz. Se inauguró en 1992. La luz de sus rayos puede verse a miles de kilómetros de distancia.
- El ex King's College de Nueva York cambió de nombre a Universidad de Columbia en 1784.
- En Buenos Aires, Argentina, en 1857, se inauguró el teatro de la ópera, llamado Teatro Colón, que aún hoy sigue siendo uno de los principales recintos artísticos del país.
- En la catedral de Sevilla, hay un ataúd que, se dice, contiene los restos de Cristóbal Colón, cuyo cuerpo fue enterrado en Valladolid, luego trasladado a un monasterio en Sevilla; más tarde a La Habana, Cuba, y llevado de vuelta a Sevilla; aunque hay quienes sostienen que los restos están en Santo Domingo, en una urna colocada en el faro en su honor.
- En Barcelona, España, hay un monumento a Colón que supera los 50 m de altura. Se levanta al final de la rambla presidiendo el puerto de la ciudad. Sobre la columna se sitúa la estatua, de 7 m de talla. El descubridor señala con su dedo índice hacia América.

# GLOSARIO

**ALMIRANTE:** comandante supremo de una escuadra o flota.

**AMNISTÍA:** perdón concedido para ciertos delitos, sobre todo políticos.

**APAREJO:** conjunto de palos, perchas y jarcia de un barco.

**APROVISIONAMIENTO:** surtido de materiales y provisiones necesarias; en especial alimentos.

**ASTROLABIO:** instrumento científico antiguo usado por los marinos para navegar guiándose por las estrellas.

**ASTRONOMÍA:** el estudio de los planetas y el resto del universo más allá de la Tierra.

**BUQUE INSIGNIA:** el barco más importante en una flota, con el capitán de fragata a bordo.

**CADALSO:** estructura de madera que se usaba para ahorcar a los condenados a muerte.

**CAJA DE FUEGO:** hornillo en un barco para cocinar los alimentos.

**CARABELA:** barco de velas de dos o tres mástiles usado por españoles y portugueses en los siglos XV y XVI.

**CARTA NÁUTICA:** representación gráfica de una extensión de agua y la costa con indicaciones de interés para el navegante.

**CASTILLO DE POPA:** estructura en la parte posterior de un barco.

**CATAY:** antiguo nombre que Marco Polo dio a China.

**COMPÁS DE PUNTAS SECAS:** instrumento para dibujar y/o medir distancias en las cartas náuticas.

**CONTRAMAESTRE:** oficial responsable del mantenimiento y equipo de un barco.

**COSMOLOGÍA:** el estudio de la naturaleza y el origen de nuestro universo.

**CRUZADAS:** expediciones medievales europeas para capturar Tierra Santa y convertir a sus habitantes a la cristiandad.

**CUADERNO DE BITÁCORA:** cuaderno en el que se hace el registro de los acontecimientos diarios en un barco.

**CUADRANTE:** antiguo instrumento usado para medir ángulos. Era usado por los navegantes para trazar las cartas náuticas.

**DOTE:** bienes entregados al esposo por la familia de la contrayente.

**ECLIPSE:** ocultamiento total o parcial de un astro producida por la interposición de un cuerpo celeste entre éste y el ojo del observador.

**EMIGRAR:** dejar el lugar de residencia o país propio para vivir en otro lugar.

**FANÁTICO:** alguien obsesionado por una idea o creencia, que excluye cualquier otra y llega a usar la fuerza para defenderla e imponerla.

**FLOTA:** grupo de barcos a la orden de un almirante.

**GRILLETES:** argollas o grillos para las manos o muñecas; esposas.

**INFIEL:** persona que no cree en una religión. Los cristianos llamaban paganos a quienes profesaban otra religión.

**INQUISICIÓN:** tribunal o corte del siglo XV de la Iglesia católica, que juzgaba y castigaba a quienes no profesaban la fe cristiana, en particular a los judíos.

**ISLAM:** religión de los musulmanes, fundada por Mahoma.

**LA ESPAÑOLA:** isla del mar Caribe, en la que hoy se encuentran Haití y República Dominicana.

**LEGUA:** antigua medida de longitud. Medía alrededor de 5.6 km.

**MAESTRE:** oficial a cargo de los asuntos diarios en un barco. Era la autoridad luego del capitán.

**MONASTERIO:** hogar para los integrantes de una orden religiosa, en especial, monjes.

**MOTÍN:** rebelión entre la tripulación de un barco.

**MOZO:** encargado de organizar la comida en el barco.

**MUSULMÁN:** seguidor de la religión islámica.

**NAVEGACIÓN:** ciencia y arte de determinar la posición del barco y de conducirlo con seguridad y exactitud.

**NAVEGACIÓN A ESTIMA:** forma de navegar determinando la posición del barco sin la ayuda de observación celeste, usando el registro de la ruta navegada, la distancia recorrida y el tiempo de arrastre por la corriente.

**ORIENTE:** el este asiático.

**OTOMANO:** relativo al Imperio turco, llamado así en honor del sultán Osmán I, quien reinó de 1259 a 1326.

**PAJE:** joven que atendía a una persona de rango en tiempos medievales y renacentistas.

**PALUDISMO:** enfermedad tropical grave producida por un parásito de los glóbulos rojos y transmitida por el mosquito anofeles.

**PATROCINADOR:** benefactor financiero de una persona o proyecto.

**POPA:** parte posterior de un barco.

**PROA:** parte delantera de una embarcación.

**QUILLA:** elemento estructural que corre de proa a popa. Es el principal refuerzo longitudinal. Equivale a la columna vertebral.

**RELOJ DE ARENA:** instrumento para medir el tiempo; tiene un receptáculo de cristal con dos compartimentos. En un tiempo determinado, cierta cantidad de arena pasa de una mitad a otra.

**RENACIMIENTO:** periodo de la historia europea desde el siglo XIV al XVI, durante el cual el interés en el arte, la literatura y el aprendizaje tuvo una gran fuerza.

**SAQUEO:** robo violento realizado por soldados de todo lo que encuentran, en un lugar ocupado militarmente por ellos.

**VIRREY:** gobernador de una colonia o un país que representa al rey.

# PARA SABER MÁS

## LIBROS

**Alponte, Juan María,** *Cristóbal Colón: Un ensayo histórico incómodo,* Fondo de Cultura Económica, 1994.

**Benítez, Fernando,** *Cristóbal Colón: misterio en un prólogo y cinco escenas,* Fondo de Cultura Económica, 1951.

**Colón, Hernando,** *Vida del admirante don Cristóbal Colón, escrita por su hijo don Hernaldo,* Fondo de Cultura Económica, 1984.

**Ferrer, Aldo,** *De Cristóbal Colón a Internet: América Latina y la globalización,* Fondo de Cultura Económica, 2002.

**Gerbi, Serge,** *La guerra de las imágenes: de Cristóbal Colón a* Blade Runner *(1492-2019),* Fondo de Cultura Económica, 2003.

**Gruzinski, Antonello,** *La naturaleza de las Indias Nuevas: de Cristóbal Colón a Gonzalo Fernández de Oviedo,* Fondo de Cultura Económica, 1993.

**Heers, Jacques,** *Cristóbal Colón,* Fondo de Cultura Económica, 1996.

**Morison, Eliot Samuel,** *El admirante de la mar Océano: vida de Cristóbal Colón, Fondo de Cultura Económica, 1993.*

**Weckmann, Luis,** *Constantino el Grande y Cristóbal Colón: estudio de la supremacía papal sobre islas, 1091-1493,* Fondo de Cultura Económica, 1992.

## PÁGINAS DE INTERNET

Biografía del navegante Cristóbal Colón
**http://www.mcye.gov.ar/efeme/colon**

Cristóbal Colón
**www.tierrasymares.com**

Cristóbal Colón
**http://thales.cica.es/rd/Recursos/rd99/ed99-0106-01/ed99-0106-01.html**

Cristóbal Colón
**http://www.dhistoria.com/biografias/cristobal_colon.htm**

Enciclopedia. Cristóbal Colón
**http://es.wikipedia.org/wiki/Crist%F3bal_Col%F3n**